LES

CONCLUSIONS

DU SOCIALISME

Prix : 5 centimes.

PARIS

GARNIER FRÈRES, LIBRAIRES
Rue de Richelieu, 10

1849

CONCLUSIONS DU SOCIALISME

Un mot d'abord sur ce titre :

Nous voulons rechercher et exposer en peu de lignes les *conclusions théoriques* du socialisme. *Ses conclusions pratiques* sont, en effet, si connues qu'il suffit de les rappeler sommairement. C'est ce que nous allons faire à titre d'introduction.

Après 1830, les saint-simoniens se réunissent à Ménil-Montant, y célèbrent la *femme libre* et y travaillent *chacun selon sa capacité*. Tant qu'il y eut des disciples assez dévoués pour tout donner à la communauté et assez riches pour la faire vivre, les choses allèrent passablement. Mais dès que les fonds manquèrent, la fraternité devint tout à fait impossible ; le travail l'avait toujours été ; on se sépara, on s'injuria, et le saint-simonisme était déjà mortellement atteint lorsqu'un procès célèbre lui donna, pour le public, le dernier coup.

Robert Owen, après avoir gagné une grande fortune par son travail, se fait socialiste ; il fonde une commune modèle sous le nom de Nouvelle-Harmonie. Il se ruine, ses disciples se battent, et Nouvelle-Harmonie est abandonnée.

M. Baudet-Dulary lit Fourier et devient phalanstérien. Homme de résolution et de foi sincère, il songe immédiatement à mettre les théories de son maître en pratique ; d'autres fouriéristes se joignent à lui, et l'on jette à Condé-sur-Vègres les fondements de la première commune sociétaire. Le dégoût vint si vite qu'aucune construction n'était encore achevée lorsqu'on abandonna l'entreprise. M. Baudet-Dulary paya les frais. Une tentative semblable est faite quelques années plus tard à Cîteaux, elle donne les mêmes résultats.

Les phalanstériens prétendent, nous le savons, que ces essais étaient prématurés, qu'il y a manqué quelque chose. Sans doute : il y a manqué le succès, et voilà pourquoi on les désavoue... Mais nous n'entendons pas nous livrer ici à la discussion ; il nous suffit de constater des *faits*.

M. Cabet lit Thomas Morus, et se convertit au communisme. Il expose sa doctrine, réussit à trouver des adeptes, et les envoie, *à leurs frais*, dans un désert du Texas, qu'il baptise du nom d'*Icarie*. Plusieurs y meurent, presque tous s'y ruinent, et M. Cabet avoue qu'en arrivant au milieu de *ses frères* il s'est trouvé dans *un enfer*.

M. Proudhon s'imagine un jour qu'ayant beaucoup démoli, il lui sera donné de beaucoup construire ; il fonde la Banque du peuple, et déclare que cette entreprise *n'eut jamais d'égale*, qu'elle va faire tourner le monde à l'envers. Trois mois après, la Banque du peuple est en liquidation.

Quant à l'*atelier social* fondé à Clichy par M. Louis Blanc, il a conservé son nom, mais renié son principe fondamental : l'égalité des salaires. Encore une ruine.

Voilà quelles ont été jusqu'ici les *conclusions pratiques* du socialisme. On devrait peut-être ajouter à cette énumération les sanglantes journées de juin. Mais, pour le moment, nous ne voulons nous occuper que des *œuvres pacifiques* de nos sauveurs.

Passons maintenant aux conclusions théoriques ; à côté des résultats donnés par le passé, mettons les promesses de l'avenir.

I.

Le socialisme est un parti, nous disent chaque jour les feuilles officielles de la république démocratique et sociale.

Et que faut-il entendre par parti ?

Il faut entendre, nous répondent les mêmes feuilles, une réunion d'hommes, séparés, peut-être, sur quelques points secondaires, mais ayant des idées communes et immédiatement réalisables sur *l'ensemble des grandes vérités* (1).

Qu'appelez-vous l'ensemble des grandes vérités ?

Dès cette seconde question les oracles du socialisme commencent à devenir obscurs. Nous avons, il est vrai, pour nous éclairer, le Manifeste de la Montagne ; ouvrons-le. Qu'y voyons-nous ? Nous y voyons que l'on s'est entendu pour signer en commun des phrases vides. Il est donc impossible d'y trouver une exposition complète, une définition sérieuse des *grandes vérités* sur lesquelles le parti socialiste a des idées communes. Mais à défaut d'idées, le Manifeste de la Montagne contient beaucoup de mots. On y voit défiler la religion, la propriété, la famille, le suffrage universel, le droit au travail, l'impôt progres-

(1) Voir notamment *le Peuple* du 7 avril 1849.

sif, etc. Parmi ces mots, il en est qui indiquent à tous les esprits les vérités les plus grandes qu'il soit donné à l'homme de connaître. Puisque le socialisme les place en tête de ses programmes, puisqu'il tient à les faire figurer sans cesse dans les articles de ses journaux, il faut en conclure que, s'ils ne forment pas *l'ensemble des grandes vérités* reconnues par toutes les nuances de la république sociale, ils en font au moins partie.

Voyons donc les conclusions auxquelles on est arrivé sur ces différents points.

II.

Les hommes d'ordre prétendent que le droit au travail est une utopie des plus impossibles à réaliser et aussi des plus dangereuses. Les montagnards-socialistes répondent que nulle réforme ne fut jamais d'une application plus facile et que nulle, non plus, ne pourrait être plus féconde en heureux résultats. Sur ce point les journaux du parti parlent tous comme le Manifeste officiel.

C'est donc là une des *grandes vérités communes* aux nuances diverses de la république sociale.

Oui, si l'on en croit le langage que tiennent aujourd'hui les orateurs et les écrivains socialistes. En présence de leurs affirmations unanimes, douter, d'ailleurs, serait leur faire injure. Vérifions cependant.

Si l'on disait à MM. Ledru-Rollin, Pyat, Lamennais, Bac, etc., qu'en demandant le droit au travail ils demandent la ruine de la civilisation, ils répondraient qu'une telle accusation est, tout à la fois, calomnieuse et absurde. Eh bien ! qu'ils lisent

Fourier, c'est-à-dire l'inventeur même de la formule dont ils ont fait une *grande vérité*, et il leur apprendra que *le droit au travail n'est pas admissible en civilisation* (1).

Si on ajoutait que tenter l'application de cette utopie serait ruiner les riches et *augmenter la détresse des pauvres*, nos apprentis socialistes diraient, en haussant les épaules, que c'est là une niaiserie que la peur dicte aux réactionnaires. Qu'ils écoutent leur maître, le citoyen Proudhon :

« Il y a quelque chose de plus puissant ici que la volonté du législateur et des citoyens : *c'est l'impossibilité absolue pour l'homme de remplir son devoir dès qu'il se trouve déchargé de toute responsabilité envers lui-même* ; or, la responsabilité envers soi, en matière de travail, implique nécessairement, vis-à-vis des autres, concurrence. Ordonnez qu'à partir de..... le travail et le salaire sont garantis à tout le monde : *aussitôt un immense relâche* va succéder à la tension ardente de l'industrie ; la valeur *réelle tombera rapidement au-dessous de la valeur nominale* ; la monnaie métallique, malgré son effigie et son timbre, *éprouvera le sort des assignats* ; le commerçant demandera plus pour livrer moins, et *nous nous retrouverons un cercle plus bas dans l'enfer de la misère...* (2). »

Nous voulons être courts ; aussi, sans citer les docteurs du communisme, nous rappellerons qu'ils tiennent le droit au travail pour *chimérique en dehors du régime de la communauté.*

(1) *Théorie des quatre mouvements*, p. 193.
(2) *Système des contradictions économiques*, t. I, p. 189.

Ne peut-on pas conclure de ces témoignages que ceux des démocrates socialistes qui ne veulent ni *détruire la civilisation*, ni nous faire descendre un *cercle plus bas dans l'enfer de la misère*, ni fonder en France *le régime de la communauté*, ne savent point ce qu'ils font en demandant le droit au travail. Diront-ils que par *droit* ils entendent *organisation*? M. Proudhon leur répondra que c'est absolument la même chose. Et d'ailleurs pour quelle organisation opteraient-ils? Il y en a plusieurs.

M. Louis Blanc veut ériger, aux frais de l'Etat, un atelier *social* avec des salaires égaux; il donne aux ouvriers les plus laborieux des récompenses honorifiques, et rend les paresseux actifs en écrivant sur un poteau : *celui qui ne travaille pas assez est un voleur.* L'État se charge de trouver des débouchés.

Ce système est simple, fait remarquer avec satisfaction son auteur. Oh! oui, répond M. Proudhon, il prouve que son M. Louis Blanc *raisonne sur la logique et l'économie politique comme un aveugle des couleurs* (1). Pour organiser le travail, ajoute ce dernier, il n'est point nécessaire d'exproprier toutes les industries privées en fondant des ateliers sociaux, il faut rendre le crédit gratuit et supprimer le capital, où des insensés seuls ont pu voir jusqu'ici le premier outil du travailleur.

La solution n'est point là, se hâtent de dire les phalanstériens : le capital a des droits, il faut les reconnaître; les nier, c'est l'acte d'un spoliateur ou d'un fou. Associer le travail, le talent et le capital, voilà le premier pas à faire. On arrivera ensuite à

____

(1) *Système des contradictions économiques*, t. I, p. 230.

rendre le travail attrayant, et, ce point atteint, le problème sera résolu.

Mais pourra-t-on l'atteindre?

Rien de plus simple. Chaque citoyen ne fera que la besogne pour laquelle il se sentira un attrait invincible, et après deux heures de labeur il passera à un autre exercice, afin que le dégoût ne puisse pas venir, et que la *papillone* soit toujours satisfaite. Donc puisque l'on ne travaillera plus que par attraction, le travail sera attrayant.

Cette logique ne satisfait pas complétement les communistes. Ils croient au travail attrayant; mais ils veulent néanmoins que le gouvernement intervienne pour classer les travailleurs, et pour mettre, le cas échéant, *la force au service de l'attrait.* De plus ils demandent avec M. Proudhon la déchéance absolue du capital.

Il peut y avoir du bon dans ces différents systèmes, reprend M. Pierre Leroux ; mais chacun d'eux, examiné dans son ensemble, est dangereux, insuffisant et surtout impraticable. Le travail ne sera réellement organisé que par la *triade* ; quand l'homme saura qu'il est *triple et un*, c'est-à-dire *sensation, sentiment, connaissance* et homme, tout ira bien ; mais hors de là point de salut. « Voilà *des paroles d'hiérophante!* » s'écrie M. Proudhon en parlant du système de *l'inoffensif Pierre Leroux.* Nous ne pouvons que répéter cette exclamation d'un ami.

Il serait facile de prolonger cette énumération; mais ce serait peine perdue, car il nous semble en avoir dit assez pour établir que le parti socialiste montre une rare impudence lorsqu'il range le *droit et l'organisation du travail* parmi les *grandes vérités* sur lesquelles ces nuances diverses ont des idées communes.

III

Passons à l'impôt progressif.

Tout le monde le proclame : l'impôt progressif, en frappant les grandes fortunes, arrêtera les progrès du luxe. Ce n'est pas là un mal, reprennent les démocrates moralistes, car un ordre social basé sur l'égalité et la fraternité trouvera toujours dans le luxe un ennemi redoutable ; supprimons le luxe. Mais tel n'est point l'avis des socialistes phalanstériens : le luxe est pour eux un élément indispensable du progrès ; il a fait succéder la civilisation à la barbarie, et sans lui nous ne pourrions que difficilement nous élever de la civilisation à l'harmonie (1). Il faut donc sauver le luxe, et par conséquent proscrire l'impôt progressif.

Veut-on un autre avis ? Voici celui de M. Proudhon :

« La supposition d'un impôt progressif ayant pour base soit le produit, soit le capital, *est parfaitement absurde.* Comment concevoir que le même produit soit frappé d'un droit de 10 p. 100 chez tel débitant, et seulement de 5 chez tel autre ? Comment des fonds déjà grevés d'hypothèques, et qui tous les jours changent de maître, comment un capital formé par commandite ou par la seule fortune d'un individu, seront-ils discernés par le cadastre, et taxés, non plus en raison de leur valeur ou de leur rente, mais en raison de la fortune ou des bénéfices présumés du propriétaire ?

(1) FOURIER. *Théorie des quatre mouvements*, p. 18.

« Reste donc une dernière ressource, c'est d'imposer le revenu net, de quelque manière qu'il se forme, de chaque contribuable; par exemple : un revenu de 1,000 fr. paierait 10 p. 100; un revenu de 2,000 fr. 20 p. 100, un revenu de 3,000 fr. 30 p. 100, etc. Laissons de côté les mille difficultés et vexations du recensement, et supposons l'opération aussi facile qu'on voudra. Eh bien ! voilà précisément le système que j'accuse *d'hypocrisie, de contradiction et d'injustice* (1). »

M. Proudhon cite des chiffres à l'appui de son opinion, puis ajoute :

« Avec l'impôt progressif, les immeubles ne suivent plus la loi de l'offre et de la demande, ne s'estiment pas d'après leur revenu réel, mais suivant la qualité du titulaire. La conséquence sera que les grands capitaux seront dépréciés, et la médiocrité mise à l'ordre du jour ; les propriétaires réaliseront à la hâte, parce qu'il vaudra mieux pour eux manger leurs propriétés, que d'en retirer une rente insuffisante ; les capitalistes rappelleront leurs fonds, ou ne les commettront qu'à des taux usuraires; *toute grande exploitation sera interdite, toute fortune apparente poursuivie, tout capital dépassant le chiffre du nécessaire proscrit. La richesse refoulée se recueillera en elle-même, et ne sortira plus qu'en contrebande ; et le travail, comme un homme attaché à un cadavre, embrassera la misère dans un accouplement sans fin* (2). »

---

(1) *Système des contradictions économiques*, t I, p. 307-8.
(2) *Idem*, p. 310.

Est-ce tout? non, et nous ne pouvons nous défendre de citer encore cet extrait :

« L'impôt progressif se résout, quoi qu'on fasse, en *un déni de justice, une défense de produire, une confiscation. C'est l'arbitraire, sans limite et sans frein,* donné au pouvoir sur tout ce qui, *par le travail, par l'épargne,* par le perfectionnement des moyens, contribue à la richesse publique (1). »

Ces conditions nous semblent irréprochables.

M. Cabet ne repousse pas, comme M. Proudhon, l'impôt progressif; il demande, au contraire, son application immédiate. En voici la raison :

Le chef du communisme icarien veut bien reconnaître qu'il serait assez difficile d'établir dès demain le système de la communauté. Il se résigne donc à une *organisation sociale transitoire* ayant pour but d'arriver, dans un délai *de 30 à 50 ans, au système de l'égalité absolue, de la communauté des biens, et du travail obligatoire.* Et quelle est la base de cette organisation transitoire? *l'impôt progressif* (2).

Qu'on lui permette une application logique de cet impôt, et M. Cabet se charge de nous rendre aussi heureux que des icariens.

De ces diverses opinions *socialistes,* il résulte donc :

1° Que l'impôt progressif est *l'ennemi du progrès et de la civilisation.*

2° Que cet impôt est *hypocrite, contradictoire, injuste, absurde;* que son application condamnerait le travail *à un accouplement sans fin avec la misère;*

(1) *Système des contradictions économiques,* t. I, p. 311.
(2) *Voyage en Icarie,* p. 358-59.

3° Qu'il nous conduirait *infailliblement et promptement au communisme.*

En conséquence, la république démocratique et sociale est unanime à demander l'impôt progressif.

IV.

Le suffrage universel tenait autrefois dans les programmes des républicains de la veille la place qu'y tiennent aujourd'hui le droit au travail et l'impôt progressif. Était-ce là une arme offensive ou un article de foi ? la question reste à résoudre. Sans doute, c'est le gouvernement provisoire qui a décrété le suffrage universel ; mais si les socialistes triomphaient demain ne seraient-ils pas forcés de décréter le droit au travail et l'impôt progressif ? cependant on vient de voir qu'ils sont loin de s'entendre sur ces deux mesures et d'y voir des ancres de salut.

Du reste, pour juger du degré de confiance que le suffrage universel pouvait inspirer aux héros de la veille il faut rappeler comment ils traitaient la majorité du peuple lorsqu'ils ne songeaient point à lui demander ses suffrages. Les paysans sont aujourd'hui loués et chantés par tous les organes de la république rouge. M. Joigneaux leur écrit de petites lettres familières ; M. Dupont rime des couplets patriotiques en leur honneur ; M. Pyat leur adresse des discours, ornés de son portrait, que l'on tire à des centaines de mille, à des millions d'exemplaires. *« Honneur au laboureur !* DEUX FOIS HONNEUR AU PAYSAN ! ! (1). »

(1) *Banquet démocratique et social* du 24 février 1849.

Voilà le mot d'ordre. Part-il du cœur ou n'accuse-t-il qu'un misérable calcul ? on va en juger.

La *Revue sociale*, publiée par M. Pierre Leroux, s'exprimait ainsi sur les paysans dans son numéro de juillet 1846, à propos d'un livre de M. Michelet :

« Le paysan ne cultive cette terre chérie que pour échapper à la misère ; et il n'a en ce moment nulle idée, nul sentiment patriotique. Le besoin de liberté, d'indépendance, et de dignité, au nom duquel, suivant M. Michelet, il accomplit les plus rudes sacrifices, est, je crois, une pieuse exagération de l'auteur. Le paysan, dans son état actuel, est servile sans efforts, avide sans passion, égoïste et défiant ; et son patriotisme ne va pas même jusqu'à désirer la prospérité de sa commune. Il est vrai que sa vie est rarement souillée de crimes, mais il s'abstient aussi des vertus difficiles et pénibles. Il fait rarement un grand effort, s'il n'a en vue son intérêt personnel et immédiat.

«... Le sentiment mal dirigé ou abandonné dans de mauvaises voies peut produire de grands désordres. Chez le paysan il s'atrophie, se défigure et finit souvent par se flétrir et se dessécher complétement.»

Hâtons-nous d'ajouter que la *Revue sociale* parlait ainsi au nom de l'amour : qui aime bien châtie bien.

M. Cabet est également de cet avis. Nos paysans comparés aux *laboureurs d'Icarie* lui semblent *aussi brutes que leurs bestiaux* ; il voit en eux, au lieu *des hommes habiles* que le communisme saurait en faire, *des animaux stupides* (1).

Nous venons d'entendre la *Triade* et la *Commu-*

____

(1) *Voyage en Icarie*, p. 152.

nauté, donnons maintenant la parole à un disciple du *Phalanstère* :

« ... Je reconnais qu'aujourd'hui il n'y a rien à attendre de la génération présente de nos paysans. *Race ignorante, égoïste, âpre au gain et impitoyable au malheur*, obstinée dans ses préjugés, rebelle à toutes les innovations, même à celles qui ont pour objet l'amélioration de son sort, elle n'a d'affection que pour son champ et pour ses écus ; *elle tient à son bétail plus qu'à sa famille ; elle porte plus sincèrement et plus longtemps au fond du cœur le deuil d'un bœuf mort que le deuil de son vieux père*, et elle trouve que le bonheur de l'humanité serait payé trop cher s'il devait momentanément lui coûter quelques centimes additionnels.

« Ceux qui se font les *plats courtisans du peuple des campagnes*, qui en exaltent les fausses vertus, ne connaissent pas le paysan, le paysan de la France centrale, le paysan qui ne sait ni lire ni écrire, mais qui sait compter, qui n'est jamais sorti de son hameau, qui n'a point été décrassé par le service militaire, *qui n'a de la créature humaine que la forme extérieure et le langage*. — C'est généralement un *être stupide et grossier*, auquel on ne peut s'intéresser que par amour de l'humanité ; qui fera la résistance la plus opiniâtre, la plus féroce même, à toute idée généreuse, s'il n'entrevoit pas pour lui un profit immédiat, qui tuerait au besoin ceux qui veulent l'affranchir, comme les prétoriens tuent ceux qui veulent les délivrer du joug du despotisme. Le plus grand ennemi du peuple ignorant, c'est lui-même (1). »

(1) VIDAL. *Vivre en travaillant !* p. 165 - 66.

Cette appréciation n'est pas précisément de la veille ; elle date de 1848. Mais hâtons-nous d'ajouter qu'elle résume le langage que les socialistes phalanstériens ont toujours tenu sur les paysans, et sous ce rapport, au moins, ils n'ont pas dévié des principes du Maître. On pourra en juger par ce court extrait : il s'agit des bienfaits dont nous dotera *l'ordre combiné* :

« Les facultés spirituelles se développeront plus rapidement ; j'espère qu'une douzaine d'années suffira *pour changer en hommes ces automates vivants qu'on nomme paysans, et qui dans leur extrême grossièreté touchent de plus près à la bête qu'à l'espèce humaine* (1). »

On voit que M. Vidal est resté fidèle aux traditions de l'école ; il a, pour ainsi dire, copié Fourier mot à mot.

Maintenant une simple observation : quand les socialistes n'attendaient rien des paysans, voilà comment ils en parlaient ; aujourd'hui l'ouvrier des campagnes est électeur, il va voter, et les socialistes ne trouvent plus assez de paroles louangeuses pour exprimer l'amour qu'ils lui portent et l'enthousiasme qu'il leur inspire. En un mot on se fait les *plats courtisans* de ceux que l'on appelait hier *animaux stupides*. Eh bien, les paysans useront dans quelques jours de leurs droits de citoyens, et nous verrons s'ils n'ont pas assez de bon sens pour mépriser les flatteries intéressées de la république démocratique et sociale.

Comme ses frères en socialisme, M. Proudhon attend avec inquiétude les votes des électeurs ruraux.

____

(1) *Théorie des quatre mouvements ;* **p. 67.**

Il faut reconnaître, du reste, que le directeur de la défunte Banque du peuple n'a jamais montré une vive sympathie pour le suffrage universel. Il s'est même autrefois joint à M. Pierre Leroux, pour le combattre jusque dans son principe. Voici l'observation qu'il adressait, en 1841, aux républicains politiques, au sujet d'une pétition présentée par M. Arago et ainsi conçue : *Tout Français est électeur et éligible;* c'est la loi actuelle :

«... Si la réforme électorale, telle qu'elle est demandée, était rationnelle, pratique, acceptable à des consciences droites et à des esprits sains, peut-être, avant d'en connaître le but, serait-on excusable de l'appuyer : mais non, le texte de la pétition ne distingue et ne définit rien, n'exige aucune condition, aucune garantie, pose le droit sans le devoir. *Tout Français est électeur et éligible!* autant vaut dire : *Toute baïonnette est intelligente, tout sauvage est civilisé, tout esclave est libre.* Dans sa vague généralité, la pétition réformiste est la plus misérable des attractions, ou *la plus grande des trahisons politiques.* Aussi les *patriotes éclairés* s'en défient et la méprisent. L'écrivain le plus radical de l'époque, celui dont les doctrines économiques et sociales, sans aucune comparaison, sont les plus avancées, M. Leroux, *s'est prononcé hautement contre le suffrage universel et le gouvernement démocratique,* et a fait à cette occasion une critique très-vive de J.-J. Rousseau (1). »

Quant à M. Proudhon, il déclarait ne voir dans cette déclaration : *Tout Français est électeur et éli-*

(1) *Lettre à M. Blanqui sur la propriété,* p. 176.

gible, qu'un moyen de *faire passer le pouvoir des mains de petits tyrans, dans les mains d'autres tyrans;* il dénonçait l'histoire du suffrage universel comme *l'histoire des proscriptions de la liberté par et au nom de la multitude* (1). Il est vrai qu'il signalait alors *la multitude qui habite les faubourgs de Paris comme étant encore plus dépourvue d'idées que de pain* (2).

Définitivement il faut rayer le suffrage universel du nombre des *grandes vérités* sur lesquelles il y a entente sérieuse et profonde entre les différentes nuances de la république démocratique et sociale.

V.

« Point de liberté, point de souveraineté sans propriété. La propriété est la garantie de l'individu, partant de la famille et de la société. Loin de nier, de détruire la propriété, nous venons l'affirmer et l'affermir en la transformant de privilége en droit, c'est-à-dire en l'étendant, en la rendant accessible à tous, en y intéressant tout le monde. »

C'est ainsi que les représentants montagnards ont résumé leurs doctrines sur la propriété dans le *Manifeste de la Montagne aux électeurs.*

La presse démocratique et sociale ne s'est point bornée à reproduire cette déclaration; elle a voulu donner aussi, pour son propre compte, un témoignage d'amour à la propriété, afin *d'opposer la lumière aux ténèbres, la vérité au mensonge, la justice à l'iniquité, la loyauté à l'hypocrisie* (3).

(1) *Lettre à M. Blanqui sur la propriété,* p. 176.
(2) *Système des contradictions économiques,* t. I, p. 157.
(3) *Programme de la presse démocratique et sociale.*

A première vue, ce langage semble assez positif. Pourquoi n'a-t-il convaincu personne ; pourquoi persiste-t-on à voir dans le socialisme l'ennemi de la propriété ? Faudrait-il attribuer cet entêtement à *l'iniquité*, à *l'hypocrisie* et aux *mensonges* réactionnaires, dont se plaint avec tant d'amertume la presse démocratique et sociale ? Ou bien est-ce avec justice que l'on dénonce ce subit respect des démagogues pour la propriété, comme une manœuvre électorale, manœuvre des plus misérables et des plus indignes, car le mensonge s'y cache sous une feinte apostasie ?

Vraiment il nous semble que sur ce point, poser la question c'est la résoudre. Il y a notoriété publique. Le mot si célèbre de M. Proudhon : *la propriété c'est le vol*, n'est-il pas évidemment le résumé exact des doctrines du socialisme sur la propriété ? A l'appui de cette assertion nous pourrions citer des volumes ; mais on nous permettra, tant la question est claire pour tout esprit loyal, de ne citer que quelques pages.

Nous laisserons de côté les socialistes de seconde venue, ceux, par exemple, qui peuvent bien se vanter, comme M. Thoré, d'avoir toujours attaqué le *régime propriétaire*, mais dont les attaques, bien qu'assez connues des adeptes pour leur mériter une candidature, sont cependant restées ignorées du public. Il nous suffira d'interroger les chefs.

Qu'est-ce que la propriété ? dirons-nous à M. Cabet.

Il y a trois *vices fondamentaux*, répond le chef des icariens : la *propriété*, *l'inégalité de fortune* et la *monnaie*. Mais comme *l'inégalité de fortune* est la conséquence directe du droit reconnu à Pierre de posséder plus que Paul, et comme la *monnaie* serait inutile si personne n'avait rien à vendre, et par conséquent rien à acheter, il en résulte que la propriété est le vice fondamental *générateur*. Or de ce vice générateur, découlent « tous les autres *vices*, *tous les crimes*, *tous les malheurs pour les riches comme pour les pauvres* (1). »

Ce point posé, M. Cabet établit, qu'en supprimant la *propriété* et ses deux premiers-nés, *l'inégalité de fortune* et la *monnaie*, on supprimerait également :

« ... *L'égoïsme*, la *vanité*, *l'orgueil*, *l'inhumanité*, et même la *cruauté*;

« *L'avarice*, la *stupide et funeste avarice:*

« *L'oisiveté*, qui jette les aristocraties dans toutes les fantaisies et les folies du *luxe*, ou dans les dangers du *jeu*, et surtout dans les immoralités de la *débauche*, de la *séduction* et de la *corruption*;

« *L'opulence* qui traîne après elle *l'adroit filou*, le *hardi escroc*, le *faux monnayeur et les faussaires de toute espèce* (2). »

Nous nous arrêterons ici; d'autant mieux que le livre de M. Cabet a 600 pages, et qu'elles sont toutes sur ce ton. Seulement nous nous permettrons d'ajouter que *le Populaire* a tort de signer, au nom de l'*icarisme*, des manifestes où l'on accuse d'*hypocrisie*, d'*iniquité* et de *mensonge* quiconque présente les socialistes comme hostiles à la propriété.

M. Pierre Leroux a déclaré dernièrement à la tribune de l'Assemblée nationale, qu'il y avait deux

(1) *Voyage en Icarie*, p. 313.
(2) *Ibidem*, p. 315.

sortes de propriété : la *bonne* et la *mauvaise*, et qu'il ne combattait que la dernière.

Très-bien ! mais que faut-il entendre par mauvaise propriété ?

Sur ce point M. Pierre Leroux s'est abstenu de toute définition précise. Cependant si nous cherchons dans ses écrits la conclusion de ses discours, nous trouvons que, par mauvaise propriété, il faut entendre la *propriété-caste*.

Est-on suffisamment édifié ?

Non.

Nous ajouterons donc que la *propriété - caste*, est, en somme, celle dont le propriétaire a le droit d'user comme il lui plaît ; d'où il suit que la propriété-caste est tout uniment ce que le vulgaire appelle la propriété.

Du reste l'inventeur de la *triade* prend la question de haut. Il voit l'établissement de la mauvaise propriété dans le meurtre d'Abel par Caïn. Hélas ! oui, c'est par un fratricide que s'est manifesté, dès le premier âge du monde, le droit de propriété....caste. Caïn, l'assassin, voilà le propriétaire ; Abel, la victime, voilà le socialiste. M. Pierre Leroux cite de l'hébreu et du latin à l'appui de sa thèse. On nous permettra de passer outre. Nous tenons d'ailleurs à donner ici l'avis de M. Proudhon, qui ne professe pas, sans quelque raison, *une haute estime pour l'auteur du livre de l'Humanité :*

Selon M. Leroux, il y a propriété et propriété, l'une bonne et l'autre mauvaise. Or comme il convient d'appeler les choses différentes de noms différents, si l'on *conserve le nom de propriété* pour la première espèce, il faut appeler la seconde *vol, rapine*, *brigandage*; si au contraire, on réserve pour celle-ci le nom de propriété, il est absolument nécessaire de le remplacer dans celle-là par celui de *possession*, ou tout autre équivalent, d'autant plus qu'il entraînerait une synonymie odieuse.

« Quel bonheur si les philosophes, osant une fois dire tout ce qu'ils pensent, parlaient le langage des faibles humains!... *Je n'ai pas, je le déclare hautement, d'autre avis, sur le compte de la propriété, que celui de M. Leroux* (1). »

M. Proudhon explique ensuite que sa définition : *la propriété est un vol*, et celle de M. Leroux : *statu-quo de la propriété, la propriété-caste est un mal*, ont absolument le même sens ; la seule différence c'est qu'il s'exprime, lui, en bon français, tandis que M. Pierre Leroux parle le patois philosophique. Nous sommes de cet avis : il est clair, en effet, que le socialiste qui reconnaît le *sentiment propriétaire* dans le premier assassinat dont l'homme se soit rendu coupable, doit arriver aux mêmes conclusions que celui qui dénonce la propriété comme un vol.

M. Louis Blanc est si complétement oublié, il est si loin du jour où les *travailleurs* se le passaient de main en main afin de le mieux voir et de le mieux admirer, que nous avons songé un instant à ne point parler de lui. Cependant, bien que l'homme soit fini et que son système soit jugé, nous subissons encore, à quelques égards, les suites des fatales conférences du Luxembourg. Les *corporations ouvrières* ont toujours pour chefs, pour meneurs, la plupart des *délégués* qui entouraient

(1) *Lettre à M. Blanqui sur la propriété*, p. 130.

M. Blanc et qu'il avait fanatisés. De telle sorte que beaucoup d'ouvriers semblent encore servir d'instrument à des doctrines qu'ils n'ont jamais voulu accueillir et dont déjà le souvenir est, pour eux, à peu près perdu. Il faut donc s'occuper de M. Blanc.

En dehors de l'égalité des salaires, quelles sont les doctrines de l'auteur de *l'Organisation du travail?* que pense-t-il de la propriété?

Comme M. Louis Blanc voit *d'infâmes calomnies* et même des tentatives *d'assassinat* dans toute critique risquée contre lui, par quiconque n'admire pas la république démocratique et sociale, nous allons emprunter le résumé de son système à M. Proudhon ; il s'agit, bien entendu, d'un article élogieux contre lequel M. Louis Blanc n'a élevé aucune réclamation. Après avoir parlé du phalanstère, M. Proudhon ajoute :

« Combien préférable est le système de Louis Blanc ! Ici le catholicisme, le doctrinarisme, l'économisme *sont nettement niés;* l'exploitation capitaliste *radicalement abolie;* ce mode de réalisation sinon justifié, au moins clairement défini. L'État *rappelle à lui* d'abord les grandes industries ; puis, au moyen de l'association, *les plus petites.* Le commerce vient après, ensuite l'agriculture. *La terre, les capitaux, le travail rentrent à l'État, devenu seul producteur, seul répartiteur, seul voiturier.* Le pouvoir agit continuellement pour la production, la circulation et la distribution des richesses du centre sur les extrémités, des extrémités sur le centre. Le peuple, qui produit tout, comme en un seul atelier, consomme tout comme dans un seul ménage.

« Je ne m'étendrai pas davantage sur cette théorie, qui, sauf des différences de peu d'importance, *est au fond celle de tous les communistes* (1). »

Après l'éloge, M. Proudhon se permet un peu la critique ; mais chez lui cette critique semble n'être qu'un éloge de plus.

Le système de Louis Blanc, dit-il, est illégitime, parce qu'il n'est pas la *transformation logique et naturelle de la propriété*. « Il en est, au contraire, *la suppression la plus violente, la plus arbitraire, suppression décrétée par le pouvoir et exécutée par la force* (2). »

Encore une fois, c'est M. Proudhon qui parle, et il loue.

Passons aux fouriéristes. Ceux-là ne supportent pas qu'on les présente comme les adversaires de la propriété. Quiconque se permet une allusion sur ce point est tancé d'importance par la *Démocratie pacifique*. Ils avouent cependant avoir sur le *régime propriétaire* quelques projets de réforme ; mais c'est afin de le sauver. Voilà ce qu'il faut entendre par les axiomes que M. Desjobert a rappelés à M. Considérant dans la séance du 15 avril, et que voici :

« L'usufruit de la terre appartient à chaque individu. Le fonds est la propriété commune de l'espèce.

« *Le régime de la propriété est illégitime et repose sur une fondamentale spoliation* (3). »

L'Assemblée nationale a paru trouver ces propositions assez mal sonnantes ; le phalanstère en a cepen

---

(1) *Peuple* du 12 mars 1819.

(2) *Ibidem.*

(3) *Théorie du droit de propriété et du droit au travail,* p. 14.

dant émis de bien plus nettes encore. Seulement il faut reconnaître qu'il a toujours prétendu, comme M. Pierre Leroux, ne vouloir détruire que la *mauvaise* propriété : celle qui existe.

« Dans le système fouriériste, ni le capital créé, ni la plus-value du sol ne sont répartis et appropriés d'une manière effective ; les instruments de travail, créés ou non créés, restent sous la main de la phalange ; le prétendu propriétaire *n'en peut toucher que le revenu*. Il ne lui est permis *ni de réaliser immobilièrement* les actions qu'il a sur la compagnie, *ni de posséder en propre, ni d'administrer quoi que ce soit*. Le caissier lui jette son dividende ; et puis, propriétaire, mange tout si tu peux. »

M. Proudhon raisonne ici parfaitement : il est certain que le propriétaire qui ne pourrait pas disposer de sa propriété ne serait plus ce que nous appelons un propriétaire. N'importe ! les fouriéristes, retranchés derrière une équivoque, continueront de dire qu'on les calomnie en les comptant parmi les adversaires de la propriété.

Citerons-nous maintenant M. Proudhon ? Ce serait peine perdue. Lui, en effet, il ne cache pas ses principes ; il serait plutôt tenté de les exagérer. Les fouriéristes l'ont même assez vivement gourmandé sur ce point ; mais il nous semble qu'en pareille matière, M. Proudhon a bien le droit d'être cru sur parole, et que du moment où il déclare la propriété *un vol, un homicide, une tyrannie*, etc., il serait absurde de lui soutenir que telle n'est pas son opinion. C'est une faute dont nous saurons nous garder.

Ne résulte-t-il pas de ce résumé des doctrines socialistes, que les différentes sectes classées sous cette dénomination assez élastique, travaillent toutes à la ruine de la propriété; c'est-à-dire, pour parler leur langage, à la ruine de l'institution sociale qui a toujours porté ce nom? Et cependant, les démocrates révolutionnaires, les montagnards, après s'être soumis au rôle de porte-queue du socialisme, osent encore parler de leur respect pour la propriété. Qu'en conclure? Ou qu'ils ne savent pas ce qu'ils disent, ou qu'ils disent ce qu'ils savent n'être pas? Entre ces deux hypothèses nous laissons le choix au lecteur. Quant à nous, il nous appartient de constater que la propriété est, jusqu'ici, la seule *grande vérité* sur laquelle les sectes socialistes arrivent, mais sans l'avouer, à une conclusion identique : DESTRUCTION !

VI.

Les manifestes électoraux de la Montagne et de la presse démocratique et sociale contiennent une phrase en l'honneur de la famille, comme en l'honneur de la propriété. Voyons ce qu'elle vaut, au moins pour quelques-uns de ceux qui l'ont signée.

M. Proudhon a toujours protesté de son respect pour la famille ; il a même déclaré qu'il préférerait la *femme esclave* à la *femme libre* ; il ne la comprend que *ménagère* ou *courtisanne*. Nous n'avons nulle raison de mettre en doute sa sincérité. Que ses doctrines sur la propriété, sur l'organisation sociale et sur la religion, soient de nature à détruire cette institution de la famille, dont il demande le maintien, nous n'en faisons aucun doute ; mais telle n'est pas la question que nous voulons traiter; notre but est de résumer les opinions des socialistes et non pas de les réfuter. Leurs contradictions nous suppléent dans cette tâche.

M. Pierre Leroux prétend aussi tenir pour la famille ; mais il fait des concessions ; il veut la femme libre ; il donne à l'État des droits qui annulent ceux du père ; il dépouille le mariage de toute sanction indissoluble ; il le réduit à une *union* qu'il voudrait *durable, parce que l'inconstance est le tombeau de l'amour* (1). Très-bien ! Mais il nous semble qu'avec le système de M. Pierre Leroux, l'inconstance pourrait devenir également le tombeau du mariage, et par conséquent de la famille. En somme, ce socialiste supprime la *famille-caste* comme la *propriété-caste*. Or, que veut-il dire par famille-caste, sinon la famille dans son organisation présente ? Il a beau s'élever ensuite contre les *penseurs* qui veulent remplacer la *tyrannie* actuelle par le *détachement de toutes relations constantes*, par une *mobilité sans limite*, au fond il est des leurs ; et quand il leur dit qu'il faut *transformer la famille* au lieu de la renverser, il leur donne raison. Nous doutons même que l'argumentation suivante puisse jamais les amener à s'avouer vaincus ; il s'agit de prouver qu'une mobilité amoureuse infinie n'est pas le progrès.

« Le progrès c'est le fini, aspirant vers l'infini, par un consentement avec Dieu, en ce sens que c'est Dieu lui-même ou l'infini qui nous l'inspire ; mais néanmoins c'est le fini. Nous sommes finis, et ne pouvons ni ne devons dans notre aspiration vers l'infini sortir de notre nature (2). »

(1) *Revue sociale*, juin 1846. — (2) *Ibidem*.

Quel profond penseur !

Le communisme et la famille sont deux mots qui se heurtent et se détruisent. Néanmoins M. Cabet se pose en partisan de la famille. Seulement pour la bien organiser il exige que les fiancés *se fréquentent longtemps* (1) ; puis si une fois mariés ils ne se plaisent plus, il leur permet le divorce ; les enfants restent chez le père, mais ils appartiennent à l'État, qui les façonne comme il l'entend. Ces principes peuvent sembler assez larges. Cependant ils ont amené des schismes dans le communisme. Le journal *l'Humanitaire* a nettement réclamé la communauté des femmes, et M. Cabet, battant un peu en retraite, a fini par réserver la question. M. Proudhon s'est fort amusé de cette querelle (2), qui, du reste, vient d'être reprise. On peut lire, par exemple, les déclarations suivantes dans le journal *le Communiste*, n° de mars 1849 :

Les individus des deux sexes conservent la liberté de leurs affections particulières. Cette liberté est inaliénable.

Les enfants de chacun seront les enfants de tous.

Voilà des logiciens.

Les phalanstériens n'ont pas cette remarquable franchise. Et cependant personne ne s'est prononcé plus violemment que leur maître contre la famille. Pour Fourier la réforme de l'humanité est dans la *liberté amoureuse*. La famille est une institution étroite, mauvaise, née des malheurs et des fautes de l'espèce humaine. Nous avons là, sous la main, à l'appui de

____

(1) *Voyage en Icarie*, 139.

(2) *Système des contradictions économiques*, t. II, p. 352.

notre thèse, de nombreuses citations qui laissent loin derrière elles celles que M. Desjobert a récemment faites à la tribune de l'Assemblée nationale sur les géniteurs, mais vraiment nous n'osons les imprimer. Il suffira peut-être d'ailleurs de faire juger les fouriéristes par un de leurs pairs, non pas par M. Proudhon, dont ils nieraient l'impartialité, mais par M. Pierre Leroux, que M. Considérant appelait, il y a quelques jours, son *bon, dévoué* et *digne* collègue (1). Écoutons-le :

« Que dirai-je de ce que Fourier appelle le bonheur, l'harmonie ? Comment raconter les mœurs du phalanstère ?

« Il n'y a dans le phalanstère ni père, ni mère ; le mariage y est inconnu, la mobilité en honneur ; toutes les lois de la nature humaine y sont méprisées.

« On est muet devant un pareil délire (2) ! »

Malgré son mutisme, M. Pierre Leroux ajoute :

« Fourier légitime tous les vices et prétend les mettre tous en honneur. Il a érigé les sept péchés capitaux en autant de vertus capitales ; et réciproquement il flétrit comme un défaut et raille comme une imbécillité tout ce que l'humanité a honoré comme des vertus.....

« La théorie de Fourier n'est que la reproduction du crime de stérilité procurée par les mêmes déviations que le feu punit à Sodôme et à Gomorrhe. Elle est donc jugée, puisqu'elle se résume en ces termes, que Fourier nous a fournis lui-même : *procurer par tous les moyens possibles la stérilité des deux tiers des*

(1) *Moniteur* du 15 avril 1849.
(2) *Revue sociale*, avril 1847.

femmes, afin de donner une limite fixe à la population.

« Avec une goutte d'eau souvent fétide, on peut faire bien des bulles que les rayons du soleil ne dédaignent pas de peindre des couleurs du prisme. Fourier, accomplissant l'œuvre dernière du matérialisme, a soufflé un nombre infini de bulles avec l'amas de matières croupissantes qu'il avait prises pour l'océan de la vie. Son système ressemble par l'entortillement des parties à ces chapelets d'œufs de crapauds qu'on trouve en été dans les marais fangeux (1). »

Nous n'ajouterons que peu de mots à ce jugement d'un *bon et dévoué collègue*.

La *Démocratie pacifique* n'est pas le véritable organe du phalanstère ; elle est rédigée en vue du public ; mais à côté d'elle se trouve la *Phalange, revue de la science sociale*. C'est là que l'on conserve et que l'on expose, pour les adeptes, les vraies doctrines du Maître. Chaque numéro de la *Phalange* contient un morceau des œuvres inédites de Fourier. Le manuscrit actuellement en voie de publication est intitulé des *Limbes obscurs*. L'inventeur du phalanstère y révèle l'histoire des temps inconnus ; il y démontre, d'une façon très-satisfaisante pour ses disciples, que la société primitive était de deux degrés supérieure à la nôtre et s'est dégradée par la population, la pauvreté et le *mariage*. De la société primitive il passe à la société sauvage, et n'hésite pas à la mettre également au-dessus de la société civilisée. Voici quelques-unes de ses raisons :

(1) *Revue sociale*, avril 1847.

«... En échelle de mouvement, les civilisés sont *bien inférieurs aux sauvages,* quoique plus avancés en carrière; *la vraie perfectibilité de l'homme consiste dans le développement relatif des passions.* Le sauvage en a peu; mais il les développe en grande majorité. Le civilisé en a beaucoup, mais il n'en satisfait souvent pas la 20ᵉ partie... Il est donc, en fait de manœuvre passionnelle, infiniment au-dessous du sauvage... ,

« Le sauvage est encore plus heureux que *notre populace et notre basse bourgeoisie,* car *il jouit du bonheur des animaux,* liberté, insouciance de l'avenir, et de tant d'autres que notre philosophie trompeuse fait entrevoir sans jamais les donner (1). »

Étonnez-vous donc, ajoute-t-il, que le sauvage repousse la civilisation. « Il ne doit pas *quitter le plus pour le moins...* L'attraction serait fausse, si elle entraînait une période à s'identifier à une inférieure.»

Fourier ne s'en tient pas là : il nous signale, comme ayant existé presque de nos jours, une société aussi supérieure au *sauvagisme* que le *sauvagisme* lui-même l'est à la civilisation. Ce type, c'est l'île d'Otahiti, où les Européens trouvèrent un *vestige de société primitive.* « Peu s'en est fallu, s'écrie-t-il, qu'on ne rencontrât dans cette île un phénomène qui aurait subitement délivré le globe des trois sociétés : civilisée, barbare et sauvage. »

Et quel était donc l'état social qui inspirait à Fourier tant de sympathie et de regrets ? Il va répondre lui-même :

La liberté amoureuse était en pleine vigueur à Otahiti; personne n'y avait le *préjugé du mariage;*

____

(1) *La Phalange,* janvier 1849.

les mœurs suivaient la bonne nature ; aussi les Otahitiens eussent-ils découvert le phalanstère et organisé la société harmonienne si leur île avait été *dix fois plus grande*. Dans ce cas :

« Leur mécanisme eût été garanti par quatre *pré-* « *servatifs* qui manquèrent bientôt chez les hommes « primitifs.

« 1º Par l'absence des bêtes féroces et venimeuses ;

« 2º Par l'absence des voisins dangereux et belliqueux ;

« 3º Par la coutume des *repas copieux* ;

« 4º Par la *coutume de* L'INFANTICIDE, qu'on y a trouvée établie.

« Ces quatre *circonstances* qu'on a trouvées réunies à Otahiti, y auraient *infailliblement* produit le mécanisme primitif, les séries passionnelles simples, si l'île avait été plus grande et plus variée en productions. Ainsi le *salut du globe a tenu à peu de chose dans cette affaire* (1). »

On ne saurait être plus net : selon Fourier, la société Otahitienne devait sa supériorité sur la nôtre à la licence complète des mœurs, à l'habitude des repas copieux, c'est-à-dire à la goinfrerie, et à *l'infanticide.* Du reste il dit encore ailleurs au sujet de ce dernier *préservatif :* « Si le genre humain avait eu la faculté de peu multiplier, ou si, par une *coutume barbare* EN APPARENCE, il avait adopté *l'infanticide* pour se restreindre au nombre suffisant, le mécanisme des séries se serait conservé. » En d'autres termes, nous nous serions élevés de la société pri-

(1) *Phalange*, janvier 1849.

mitive à la société harmonienne; c'est-à-dire de *l'ombre du bonheur* au bonheur parfait. Nous ne savons à quelle époque Fourier a écrit cet éloge de l'infanticide, mais nous devons rappeler qu'il se trouve dans la *Phalange* de janvier 1849.

Quand on appelle l'attention des phalanstériens sur cette partie des doctrines du Maître, ils vous répondent avec force injures : ce sont là des *questions réservées*. Je le veux bien ; seulement il me semble qu'une école qui réserve de telles questions, n'a point le droit de montrer tant de surprise et de colère quand on l'accuse d'être ennemie de la famille. Reniez hautement Fourier, ou ayez au moins la pudeur du silence.

En somme, il nous semble résulter de tout ce qui précède, que la famille ne peut définitivement être mise au nombre des grandes vérités communes à tout le socialisme.

VII.

Cette *unité* annoncée dans les programmes, et vainement cherchée jusqu'ici, la trouverons-nous enfin sur la question religieuse ? Non, quant à la forme ; oui, quant au fond. La plupart des socialistes se conduisent en effet avec Dieu comme avec la propriété ; ils le proclament, mais c'est pour le supprimer plus sûrement.

M. Pierre Leroux ne doute pas que le *catholicisme ne soit emporté par le temps;* une fois ce résultat obtenu, le christianisme, rendu à la liberté, *deviendra le fondement de la religion de l'égalité.*

Et à quoi reconnaîtra-t-on cette religion ? On la reconnaîtra à l'absence complète de culte et de prê-

tres; *la religion sans théocratie étant la vraie religion* (1).

Fourier est d'un autre avis. Il dénonce *une gau-
cherie tout à fait neuve dans une religion sans prêtres.* « Le peuple, dit-il, veut. voir des hommes
directement chargés de la procuration de Dieu (2). »

En conséquence, il y aura un culte et des prêtres
dans le phalanstère ; on y créera même des dieux et
des déesses. « Chaque groupe élit une divinité de sexe
différent ; un groupe masculin choisit une déesse, un
groupe féminin choisit un dieu. Viennent ensuite les
divinités de chaque division de la secte. »

Après une longue énumération, Fourier ajoute :
« Les dieux prennent place à l'autel, et reçoivent les
honneurs divins de la part de la secte. »

Voilà, s'écrie M. Pierre Leroux, *ce que c'est qu'une
religion dans l'ordre sériaire...* l'Évangile n'a rien
à craindre. Oui, mais comme il doit trembler devant
la future *religion de l'égalité!*

Fourier semble cependant reconnaître ou accepter
un Dieu supérieur à ceux que les phalanstériens éli-
ront ; mais c'est là une question qui lui paraît de fort
médiocre importance. Quant au catholicisme, il le
dénonce comme un des *trois incidents* qui ont le
plus contribué à retarder de *vingt-trois siècles* les
progrès de l'humanité. Et quels sont les deux autres ?
Il faut bien le dire : ce sont le mahométisme et
les maladies honteuses ; Fourier emploie un autre
mot (3). Cependant il se résigne à conserver quelque
temps encore la religion chrétienne, mais à la condition qu'elle *sera confinée insensiblement chez le*

(1) *Théorie des quatre mouvements,* p. 151. — (2) *Ib,* — (3) *Ib.*

peuple; et que l'on organisera pour les riches le *culte de la volupté.*

M. Cabet croit en Dieu, et ne désespère point de donner un jour à l'Icarie une religion nationale; en attendant il frise l'athéisme, car il ne veut pas que l'enfant entende parler de la *divinité* avant d'avoir terminé *ses études.* Il va sans dire que le prêtre de la future religion nationale icarienne n'aura pas le droit de ne pas se marier.

Sur cette question, comme sur presque toutes les autres, M. Proudhon n'est pas toujours d'accord même avec lui-même; dernièrement il s'offrait, dans le *Peuple,* pour *remplacer Dieu* (1). C'était de l'humilité de sa part; car il écrivait, il y deux ans :

« Ce nom incommunicable, désormais voué au mépris et à l'anathème, sera sifflé parmi les hommes ; car Dieu, c'est sottise et lâcheté ; Dieu, c'est tyrannie et misère ; Dieu, c'est le mal (2). »

M. Proudhon a couvert plusieurs pages de ces blasphèmes sauvages et idiots ; puis il a conclu en se disant : *Dieu est-il?*

Avant d'en être là, M. Proudhon avait su affirmer de grandes vérités :

« La sanction de la loi est en Dieu qui l'a donnée. Jouir n'est pas la fin de l'homme mortel, mais cultiver son âme et contempler les œuvres de Dieu.

« Quiconque aura été sacrilége envers Dieu et la patrie, sera déclaré en démence et renfermé comme frénétique et furieux (3). »

Il terminait ainsi :

(1) *Le Peuple. Démonstration du socialisme,* etc.
(2) *Système des contradictions économiques,* t. I, p. 416.
(3) *De la célébration du dimanche,* p. 69.

« L'humanité connaîtra qu'elle est entrée dans sa légitime voie, quand, se regardant elle-même, elle pourra dire : Un seul Dieu, une seule foi, un seul gouvernement. »

Après ce court exposé, ne sommes-nous pas en droit d'affirmer que le mot religion n'a ni sens, ni valeur pour la république démocratique et sociale ; qu'il ne figure dans ses programmes qu'à titre d'amorce et de mensonge ? Qui dit religion, en effet, dit croyance définie, culte régulier, et non pas vague reconnaissance d'un Être suprême. Du reste, même sur ce point, les socialistes ne s'entendent pas.

Voilà donc encore une *grande vérité* qu'il faut rayer de leur manifeste : il n'y reste plus rien.

VIII.

On le voit : le socialisme ne peut mettre un peu d'accord parmi ses adeptes que pour l'attaque et la négation. Dès qu'il s'agit de poser et de définir un principe, il y a rupture et rupture complète ; chaque secte réussit parfaitement à convaincre d'impuissance et d'absurdité toutes les sectes rivales ; c'est entre elles une guerre acharnée qui deviendrait une guerre d'extermination le lendemain de la victoire. De ce fait il faut conclure avec M. Proudhon que :

« Le socialisme a été jugé dès longtemps par Platon et Thomas Morus en un seul mot, UTOPIE, c'est-à-dire, *non-lieu, chimère* (1). »

Mais M. Proudhon lui-même est socialiste. Pourquoi ?

Il vous l'a dit : il veut L'ANARCHIE.

C'est le dernier mot du socialisme.

EUGÈNE VEUILLOT.

____

(1) *Système des contradictions économiques* ; t. I, p. 27.